文芸社セレクション

始めよう！
晩年の経済的な賢い暮らし方

日色　和夫

HIIRO Kazuo

文芸社

目次

はじめに

令和元年6月、政府から「平均的な老後資産は2千万円が必要だ」という報告書が発表されました。当然のことながら、国民全体に晩年の生活について不安が急速に広まりました。

「到底そんなに貯められない」と言う声が方々で聞こえてきます。医療の進歩のおかげで超高齢者社会がもう目の前に迫っている、とのマスコミの報道も常時見かけられるようになりました。

現代の日本では、老人を支える若者の数が減り続け、年金暮らし世代の収入の目減りが一段と強まって不安を増大させています。また、それに追い打ちをかけるように、最近の物価上昇も負担を大きくする要因になっているのも事実でしょう。

一方では、老老介護や孤独死といったような厳しい現実も見受けられ、現代社会のひずみが顕在化。このような昨今の日本の社会のあり方を見ると、晩年の生活はどうあるべきかを真剣に考えねばならない時代が来た、と思わざるを得ないと思います。

93歳になった筆者は、いろいろな人生体験を経てきました。2回も長期の外国留学をする機会に恵まれました。日本国以外の国々では客観的な立場から日本の現状を見ることができたのも大きな収穫でした。

10年ほど前に妻が他界し、老人のひとり暮らしが始まりました。幸い専門学校で週に2回ほど授業をする仕事を与えられたので、通勤や学校での講義、自宅での予習と準備、それに加えて調理、洗濯、掃除などの家事をこなす毎日を送る羽目になって現在に至っています。「生きている以上、何らかの苦難に直面するのが人生だ」と認識することもできました。

齢を重ねると、日常生活でさまざまな浪費、愚かな行為、無駄な努力などが目に付くようになってくるのは自然の成り行きと言えるでしょう。

この世の中の多くの人達の生活を垣間見ると、たとえば電気代を節約するために真夏の暑さで必要な冷房を掛けずに熱中症になったり、また逆に、冬の寒さが厳しい季節にトイレに暖房器具を設置しないで風邪を引いたりすることがよくあり、その結果、医者にかかって高額な医療費や薬代を支払う事例がしばしば見受けられます。

こういう場合は「電気代の節約が実際は節約になっていない」と言えると思います。節約する気持ちは大切ですが、賢い節約をしないと返って浪費につながるという典型的な図式になるかも知れません。経済的な問題だけではなく病気になれば辛い日々を送るという精神的なマイナスの面もあるでしょう。

本書は筆者が長い人生を送る間に気付いた賢い節約の仕方や無駄のない生活方法を、読者の諸兄姉に少しでも参考になれば、と思って記述しました。

最も重要でかつ基本的なことは、「こまごました電気・水の節約や仕事・家事の能率の向上が大切。されど必要な出費は大胆かつ十分に投じる」と言うことに尽きると考えています。

一方、日本の国民の65歳以上の高齢者は4人に1人以上、後期高齢者は7人に1人というデータが発表されています。後期高齢者とは75歳以上の人たちのことです。30年後にはほぼ2人に1人が高齢者になる、と予測されています。日本は世界有数の長寿国で寿命が著しく伸びていますが、一方では介護を必要とする人たちも増加の一途をたどっているのも事実です。

ある調査結果によると平均的な介護必要期間は約5年、介護費用は月約8万円。75歳以上の人の5人に1人は要介護になると指摘されています。

そもそも、いくら長寿であっても健康でないと長生きした価値がない、健康で長生きする人が増えることが大切なのです。「長寿＋健康」な人が増加すれば介護のニーズが減り、病気・病院・薬から縁遠くなり、高齢化時代を乗り越えられるはずです。ですから、「平均寿命と健康寿命を一緒に延ばす。できるだけ平均寿命に健康寿命を近づける」。以上のことが日本全体として財政的に安定し健全な社会が生まれるキーワードだと思われます。

これを実現するためにはいろいろな提案がされています。第1は、均衡のとれた栄養価が高い食生活です。忘れがちなのは、たんぱく質、カルシウムなどが不足気味になることでしょう。嫌いな食、苦手な食が増すと自分の食生活の世界を狭めることになります。

第2に体力を維持するために歩くこと。歩く運動量が減少すると食事量も減り栄養不足を引き起こす。その結果、筋肉も少なくなってさらに運動しなくなる。こういう悪循環に陥るということです。

第3に、好奇心を旺盛にして、脳を刺激する。そのために異次元体験をすることをお勧めします。たとえばダンス、楽器、歌、コンピュータ、スマートフォンなどに挑戦するのがよいでしょう。行動、運動、感動（3つの動）、それに加えて積極的な社会参加などが大切です。「社会貢献は高齢者のミッションだ」と考えてみませんか。

年を重ねると、できなくなることが多くなってくるのは当たり前ですが、豊富な経験と長年の生活で得た知識や知恵が増えてきます。その上自分と合わない人がいるのは当たりまえと認識することができ、人との付き合いの中で多様性を容認する余裕も生まれてくるので、安心して晩年を迎えることができるでしょう。人生における活動期と晩年期との節目を軽やかに乗り越えることができるはずです。本著によって、読者の方々が少しでも生活が合理的で経済的な方向に向かうことを願っています。

本著は、衣食住の次に健康、そして社会との繋がりという順序で記述しました。多少の偏りや重複がありますが、大雑把にこのような流れで構成しています。

以上、本著の初めのご挨拶とさせて頂きます。

衣類の断捨離を進めよう

晩年になれば、仕事を持っている人は少数派でしょうが、通常は現役時代を終わって第2の人生の時代に入るのが一般的です。そうなると衣服は大幅に要らなくなります。

この際、不要な衣服を大胆に捨てることが勧められます。もちろん衣服の数が減れば、クリーニング費用も掛からず節約につながります。

一方、現役時代と異なり、多くの場合、体形が変わります。したがって今まで着ていた衣服が体形に合わなくなることがあります。ある程度の人たちは老人ホームのような施設に入ることも考えられます。このような施設では一般的に居室が狭いので極力持ち物を減らす算段をとるべきです。

そのための最初のターゲットは衣類でしょう。どれを捨てるかの判断はとても難しいと思いますが、基準としては1年ないし2年間、着ない衣服は不要だと判断していいと思います。

男性の場合、現役時代に着ていた背広の上着を普段着として羽織っているのを見ると、ふと違和感を覚えます。こんなことは出来るだけ避けるべきです。普段着は普段着らしくラフなスタイルがむしろ「格好が良い」と他人から見られるでしょう。ポイントは上と下の衣服を異なる様式にすることによって、上下の組み合わせを変えて多様な着こなしをすることです。

衣服にはそれぞれの人の愛着が詰まっています。新しい衣服を見つけたときは買いたい気持ちを抑えるのは難しいことですが、ちょうど防災用の食品のように、新しい気に入った衣服を買ったときは要らない衣服を処分する「ローリングストック法」が理にかなっているでしょう。衣服はそれを持っている人の趣味、年齢、性別、住まいのあり方などで違いがあると思いますが、私の考えでは1人あたり約2メートルの衣装掛けに収まる程度の衣服数で十分だと思っています。何かの機会にフォーマルな衣服が必要な時はレンタルを利用するという方法もありますので。一方、下着やパジャマは適当な容器に入れて、ベッドの下に入れておけば省スペースになって部屋がスッキリします。もちろん衣服は再生可能な資源ですので各市町村の基準に従って「資源ゴミ」として廃棄すべきです。

要《い》らない衣《い》服は衣《い》類用ゴミ置き場へ持って行《い》こう！

ついでに靴類も、フォーマル用、普段用、運動・散歩用、その他などの4種類ぐらいで十分でしょう。

洗濯は風呂の残り湯で

読者の方々にとっても洗濯は重要な家事のひとつでしょう。

洗濯は衣類を洗濯袋に入れて、水かお湯を使って洗濯機を作動させるのが通常の方法ですね。ところが、前の日の風呂の残り湯がまだ少し温かいので、ほとんどの洗濯機には風呂の残り湯を使う機能が付いています。

しかし風呂の残り湯は何となく汚れている？　と思っていませんか。

そのため水道水を使う人が多いのではないでしょうか。風呂の残り湯はそれほど汚れているとは思いませんよ。と言うのは、風呂に入るときに必ずかけ湯をして汗などを洗い落としてからバスタブに入る。そうしないと急な温度変化のため身体にもよくないからです。バスタブの中で温まってから洗い場で全身を綺麗に洗い、かけ湯をして再びバスタブに入るという方法が普通です。したがって風呂の残り湯は思ったほど汚れていないということになりますね。

洗濯に風呂の残り湯（以下、「お湯」に省略）か水道水か、どちらを選んだらよいでしょうか？　結論を先に言いますと、お湯の方が優れた洗浄能力を持っているのです。

温度の高い水と低い水はいろいろな面で洗濯の効果に影響を及ぼしています。極端な言い方をしますと、温度の高い水はサラサラしている、一方温度の低い水はネバネバしていると表現できるでしょう。もちろん私たちではその違いを感じとることはできませんが、機械で測定すると明らかな差があるのが分かるのです。水がサラサラしているかネバネバしているかを表すために「粘度」と言う物理的な指標が広く使われているのをご存じでしょうか？　仮に温度50℃の水の粘度を基準にしますと、温度20℃の水の粘度は温度50℃の水の約2倍、温度10度の水の粘度は温度50℃の水の粘度の約3倍になるのです。

したがって温度の高い水は衣類の繊維の織り目の隅々まで入って行き、洗浄効果が大きくなるというわけです。

一方、洗剤は化学的には界面活性剤と言われています。いろいろな種類があります。でも、基本的には洗剤の1つの分子に水になじみやすい部分と油になじみやすい部分が結合しています。洗濯するときに洗剤を水に溶かすと、洗剤は水になじみやすい触手を水の中に伸ばし、油になじみやすい触手を油成分の中に伸ばして、水と油の界面（さかい目）を結びつける作用があるのです。このような作用を洗剤が持っていますので、衣類についている油成分が水に溶けて取り除かれ、衣類が綺麗になるというのが、洗剤の化学的な根拠なのです。

一方、皆さんもよくご存じのように、温かいお湯の方が砂糖を大量に溶かすことができるでしょう。この場合は溶解度が高いと言えます。溶解度とは、溶質（溶ける物質）が溶媒（溶かす液体）に限界までどれだけ溶けるかを表す指標です。砂糖の溶解度は水１００グラム当たり、温度20℃では約２００グラム、温度50℃では約２５０グラム、温度80℃では約３６０グラム溶けます。ですから、温度の高い水の方が物質を溶かす能力が高いと言えるのです。それと同じ現象が洗濯にも見ることができます。

結論を言いますと、お湯の方がサラサラしていて衣類の繊維の中まで洗浄できるという利点に加えて、温かいお湯には汚れが溶けやすいという二重の効果が作用している、というのが正しい考え方でしょう。皆さん納得できたでしょうか？

「洗濯」ではお湯を「選択！」

さらにひとこと付け加えますと、洗濯物を干すときに、洗濯機ですでに脱水されているので、乾きが早いのは大きな利点になっていますが、問題はワイシャツのような「しわ」になっては困る衣類もあります。ワイシャツは洗濯機から取り出したのち、水でビシャビシャに濡らして、物干し竿に「しわ」が出ないように干すのがお勧めです。多少乾くのに時間がかかりますが、大きな不便は感じません。思ったより早く乾きます。とくに形態安定型ワイシャツはアイロンをかけずに「しわ」のない綺麗な仕上がりになります。営業職などお客様と接する人の場合は、多分クリーニング店に依頼しなければならないでしょうが、通常の仕事をしている人では、以上のような方法を使えば家庭で洗濯してもOKです。

ちなみにワイシャツと言う言葉は英語のWhite Shirtを日本人が聞いたとき、「ワイシャツ」と訳したと思われます。したがってワイシャツを「Yシャツ」と表すのは正しい書き方とは思いません。

ユニークな筆者の朝食

食については実に多数の本が出版され、さまざまな食事に関する情報が満ち溢れているのは皆さんもよくご存じでしょう。食はからだと心のバロメーター。世界を見渡すと、それぞれの地域に独特の食文化があります。日本人は和食が中心ですが、洋食もかなり普及していますし、中華料理も大きなウエイトを占めていますよね。

オーストラリアの先住民族のアボリジニは地中に住む大きなイモムシを食べていたと言われています。またカナダ北部に住む先住民族イヌイットは、極寒の地域に住んでいたのでセイウチ、オットセイ、トナカイなどを食べる肉食生活を送っていました。

中国では「机以外の４つ足は何でも食べる？」というような流言飛語があります。想像を絶するものを食べていたと言われています。

中国人にとってはそれなりの考え方があるのです。野生動物の肉は身体にいい効果をもたらすと信じられているからです。そのうえ人間が飼育した動物の肉には人工の飼料や薬品（たとえば成長促進剤、病気にかからないようにする抗生物質など）を含んでいるので好ましくない、というのがその理由のひとつです。それに加えて野生動物の肉は「珍味」と評価されています。

フランス料理ではフォアグラ、トリュフなどなどが貴重な食材になっていることも周知の事実ですね。

前置きが長くなりましたが、ここで筆者の食生活の一端を紹介しましょう。

まず80代になってから、いつの間にか1日2食になってしまいました。でも1日2食はまともな食生活ではない、と気づいたので数年前から昼頃にバナナ、パン、サンドイッチ、ゆで卵、納豆などを摂るように改めました。

朝は野菜ジュース、スープ、野菜、パンがメインです。野菜ジュースはコップ1杯、スープは約400ミリリットル容量の大型のマグカップ1杯、パンは1袋（半斤）6枚切り1枚。パンの値段はさまざまですが、高価なパンはそれなりに美味しい。財布との関係もありますが、いろいろなパンを食べ比べました。選んだのは1袋約200～250円（令和時代初期）のパンを現在愛用しています。ライ麦パンも美味しいですよ。

パンの保存は冷凍庫内と言うのが常識ですが、かさばるので冷凍庫に入り切れず、冷蔵庫に入れなければならないときがあります。冷蔵庫に保存したパンは、水分がなくなって縮んでしまうことがあるでしょう。

その対策として、買ってきたパンの袋の上にさらにもう1枚のポリ袋に入れて保存すれば、冷蔵庫の中でも水分が無くなることはありません。より望ましい方法は、1番外側の袋と2番目の袋の間に少量の水を入れると完璧です。むしろ冷凍庫に入れておくよりは水分が無くならず、パンは美味しい状態で保存できます。

パンはオーブンで焼いてバターをつけて食べるのが一般的です。冷蔵庫から出したバターはカチカチの状態なのでパンに塗ることが難しい。そこで私は、焼いたパンにバターの塊を載せてオーブンの中に入れます。オーブンはまだ予熱でかなり熱いので、バターが柔らかくなり簡単にパンの表面全体に塗り広げることが出来ます。ただオーブンに入れておくタイミングが難しい。オーブンから取り出すのが早すぎるとバターがまだ硬い、遅すぎるとバターが溶けてしまって1カ所に溶けたバターが浸み込んだ状態になる。私の経験ではオーブンの予熱で温める時間は、機種、焼けたパンを取り出すまでの時間、パンの種類や大きさ、その他の条件によりますが、約1分弱。後は皆さんで試してみて適切な時間を決めて頂くのをお勧めします。

ちなみにバターはかなりカロリーが高い。100グラム当たり700〜75

0キロカロリー。一方ジャムはバターの約3分の1。したがって嗜好の関係もありますが、カロリーを気にされる方はジャムの方が好ましい。ただしジャムは使用量が増える傾向になるので注意しましょう。

野菜ジュースも値段相応ですが、出来るだけ濃厚なものを選んでいます。ペットボトル入りのトマトジュースや野菜ジュースは、スーパーマーケットでも家の冷蔵庫でも立てて置いているので、底の方に濃厚な沈殿のようなものが沈んでいます。ペットボトルのキャップを緩めたら、内部がやや減圧になっているのでごく僅かの空気が入ります。きっちりキャップを閉めて逆さまにしてペットボトルの底の部分を振り交ぜ、キャップを上にしたり下にしたりして、ボトル内のジュースの濃度が均一になるようにするのがいいですね。

スープは粉末の食品が広く使われていると思いますが、商品の箱に書いてあるように、粉末スープを水に溶かしただけでは美味しくないので、前記のマグカップに約3分の1量の牛乳を入れ、これに粉末スープ1袋と顆粒のコンソメ小さじすり切り1杯程度を入れてよくかき混ぜます。次に液体スープ約3分の1量を入れます。残り3分の1量の水を入れ電子レンジで温めます。電子レンジの温め時間はマグカップの形状にもよりますが、600ワットで4分程度。

何回もこの操作を繰り返していると、マグカップの把手が手前に来るように時間を調整することが可能なのです。せいぜい3～4秒の違いでマグカップの把手が手前に来て止めることが出来ます。把手が奥になると電子レンジから取り出しの時に把手を手前に回す必要があるので、こぼしたりやけどをしたりする危険性があるでしょう。

マグカップを電子レンジから出した直後は粉スープが完全に溶けていないで固まりになっている、いわゆる「だま」ができることが多いので、これを小さじの背中で丁寧につぶして溶かすようにします。

よりよい方法は、小さじでマグカップの真ん中を小さな円を描く形でかき混ぜると「だま」が真ん中に集まってきて自然に「だま」がつぶれます。この時に大切なコツは小さじの先端をマグカップの底を擦るようにすること。この方法はとても便利です。是非お試し下さい。

でも、さらに美味しさを増す方法があります。以上述べたスープにトマトケチャップを少量入れると酸味が加わって美味しさが出てきます。また、スーパーマーケットで売っているシュレッド・チーズ（直径約3ミリメートル、長さ2～4センチメートル）を1つまみ入れてから電子レンジで加熱すると、将に専門の料理店のスープに近いような美味しさが得られるのです。「とろけるチーズ」と言うのがありますが、これを入れるとほとんど溶けてより美味しいスープを作ることができますよ。

ひとことだけ気配りしなければならないことを述べますと、電子レンジとオーブンの同時作動は、それぞれの家庭の配線の状態にもよりますが、ブレーカーが切れることが大きな懸念材料です。電子レンジは500～800ワット、オーブンは最大1500ワットなので、同時作動すると2000～2300ワットになります。したがって大量に電気を消費する家電調理器具は、出来るだけ同時作動を避けるように注意することが求められます。

ユニークなのは、野菜です。自分では「野菜カット」と命名している筆者独自というべき食材です。毎日作るのは負担が大きいので3～4日分まとめて作ります。キャベツ、レタス、セロリ、キュウリ、リンゴなどを0・5～1・0センチメートルの大きさに切り刻み、粉末の白胡椒とホールの黒胡椒を少々入れて全部をよく混ぜ合わせて、大きいタッパー・ウェアに入れて出来上がりです。冷蔵庫に入れておけば3～4日は食べられます。この「野菜カット」を直径17～18センチメートルのお皿に山盛り一杯食べます。

実は以前、粗挽きの黒胡椒を使っていたのですが、ホールの黒胡椒の方が好ましいことに気付きました。と言うのは、ホールの黒胡椒をかみつぶした時の美味しさが出てくるからです。この「野菜カット」を作るときに重要なコツは水分をできるだけ少なくすること。もし「野菜カット」に水分が多いと感じたときはタッパー・ウェアの蓋を完全に閉めずに、少しずらして1日だけ冷蔵庫に入れておくと水分がなくなります。

さらに好みに応じて、いろいろな食材を入れてみてはいかがでしょうか。私の経験では、先ずソーセージがお勧めです。直径15ミリメートル、長さ5センチメートルのソーセージ2本ぐらいを同じように切り刻んで、一旦オーブンで加熱後入れるのも味が変わって美味しいです。また、グリーンピースを入れるのも別の味になります。ただしこの場合は、グリーンピースを小型の鍋に水と一緒に入れて煮沸したのち水分を取り除き、さらに弱火で完全に水分を飛ばしてから「野菜カット」に入れます。でないと水分が入るからです。弱火で加熱するときは十分注意しましょう。加熱が不十分であれば水分が入るし、加熱しすぎて焦げ目がついたら焼け焦げた匂いが付いてしまいます。

お勧めしたいのはショウガを刻んで入れることです。とても美味しくなります。ショウガは血行を良くし、抗菌作用もあるのは皆さんもよくご存じでしょう。

ドレッシングは食酢を中心としたドレッシングが身体に良いだろうと思います。クリーミーなドレッシングは15グラム当たり50～70キロカロリー、食酢を使用したドレッシングは大体2分の1。したがって体重を増やしたくない方々には食酢を主成分とするドレッシングをお勧めします。「少塩多酢」と言う格言があります。つまり塩の摂る量を少なくして、その代わり酢を多く摂る、という意味で、こういう食生活をしていれば健康につながるとされています。トマトケチャップをドレッシングと一緒に使うと別の味になって結構おいしくなります。

ついでに述べますと、筆者の夕食は白いご飯が中心で他は味噌汁、2～3種類のおかずの典型的な和食。ときどきチャーハン、チキンライス、カレーなどの白米モドキの食事の時もあります。さらにいわゆる粉物と称されるように、お好み焼き、ピザ、うどん類なども愛用しています。

魚類や豆類も欠かせない食材です。1日の中で牛乳や乳製品を摂ることが大切だと思っています。なぜなら、これらの食品にはカルシウムとカリウムを多く含んでおり、それぞれ身体に良い効果をもたらすからです。よく知られているようにカルシウムは骨を形成するのに必要な元素でしょう。一方カリウムは食塩成分のナトリウムを尿からの排出を促す効果があるとされているからです。最近小豆が見直されています。小豆は便秘を防ぐ作用があるといわれていいます。ヨーグルト、納豆、チーズなどの発酵食品も摂るべきです。とにかく出来るだけ多種類の食品をバランスよく摂るように心がけるのが要点でしょう。

この章の最後にひとこと提言をいたします。

そもそも健康長寿のためには出来るだけ丈夫な歯が必要だとの意見がありまます。可能な限り歯を残しておく、歯があって噛めることが重要です。

神奈川歯科大学大学院・口腔科学講座環境病理学教授の槻本恵一氏の論説によると、よく噛める人の方がよく外出し、視力もよいという調査結果が報告されています。自分の歯でも入れ歯でもよい、とにかくよく噛めば唾液が出てきて病気になる可能性が低くなる。野菜、果物、梅干しなどは唾液の量を増やす効果があります。さらに唾液の質を高めるためには少し大きめの食材を作りゆっくり噛んでから飲み込むようにする。よく噛めば誤嚥を防ぐという別の効果も期待できます。

この論説に従って、前記の筆者独自の食材「野菜カット」を食べるときは、少なくとも20回は噛むように心がけています。

肉や魚には命があります。野菜も同じ命です。われわれは沢山の命をもらって食事をしていることを忘れないようにしましょう。他の命を食べているわけですから感謝の心を忘れずに丁寧に噛んで味わい、敬虔な気持ちを忘れずに食事することが望まれます。「テレビはまだよいとしても、新聞を読みながら食事をするなどはあまり好ましい食事態度とは言えない」

このような意見もあることを一度考えてみませんか。

食品の管理はどうすればよいか

最近はまだ食べられるのに捨てられてしまう食品、つまり食品ロスが大きな社会問題になっています。統計によると1人が毎日ご飯1杯分を捨てるとされています。消費者庁は、食品ロス削減特設サイト「目指せ！　食品ロスゼロ」を新設しました。平成29年度の消費者庁家計調査によると、日本では家計に占める食費支出のうち約4分の1が捨てられていることになります。これは極めて不経済です。

食品ロスの原因は、たくさん作りすぎで食べきれない、食品を買うのが多すぎて傷んでしまった、賞味期限が過ぎて食べる気にならない、特価品や値引き品を買いこんで冷凍庫が満杯になっている。

この世の中には飢餓に苦しむ人たちが大勢いる現実がまざまざと浮き彫りになっています。食べられるのに捨てられる食品の量は、食料不足の人たちに送られる世界の食料援助量の1・7倍にもなっています。

では食品ロスを減らすのにはどうすればよいか。

第1は買い物に出かける前に冷蔵庫・冷凍庫にある食材を確認して不要な食品を買わない。第2は冷蔵庫・冷凍庫の中の食品を食べきる。第3は買った食品はすぐ食べる、保存する食品を極力少なくする。第4は余った食材を別の料理に作り替える。第5は食品を整理して、買った食品をどこに置いたか分からない状態を避ける。

以上のような気配りを進めれば食品ロスを少なくすることができるはずです。食品ロスは人類全体の問題ではありますが、個人にとっても、決して賢い経済的な日常生活とは言えません。

食器洗いを賢く

皆さんは食後の食器を洗う時、どんな洗い方をしているのでしょうか。食器洗いの水やお湯を出来るだけ少なくする賢い洗い方を以下に紹介します。ご参考にしてください。

まず、シンクの中に直径約35センチメートル、高さ約10センチメールの円形の容器を用意します。材質は少々値段が張りますがステンレスが望ましい。でもプラスチック製でも問題はありません。

多分、食事中に少なくとも1枚のティッシュペーパーを使って口の周りを拭くことがあると思います。そのティッシュペーパーで、食べた後の食器、たとえばスプーン、箸、お皿、コップ、マグカップなどの汚れを、出来るだけ取り除きます。下水管の汚れを少しでも少なくする工夫です。

「そんなに食器の汚れを気にしなくても、もっと他に下水管の汚れを引き起こす大きな原因があるのではないか」と言う意見もあるでしょう。

でも私はこうした作業で美味しかった食事の余韻を楽しむという気持ちもあって実行しています。

汚れを取り除いた食器はこの円形の容器に入れます。少量の水かお湯を食器に満たしておきます。その後、食器洗い用のスポンジに洗剤をつけて食器の中と外を洗います。食器は洗剤の泡が付いたままです。食器の外側も洗うのは、他の食器の汚れが付いている恐れがあるからです。スポンジで汚れを落とした食器は円形の容器の外側に置きます。

全部の食器の汚れが落ちたら初めて水かお湯を流して各食器を洗います。洗う順番はスプーンや箸が最初で次第に大きい食器を洗います。円形の容器の中に次第に水かお湯が充満していくので、一旦容器の中の水かお湯に食器をくぐらせて洗剤が残らないようにし、流れる水かお湯でサッと洗います。そののち食器立てに入れます。

このような方法を使うと水やお湯の節約になります。最後に容器に一杯になった水かお湯を流しに流しますが、そのとき下水管に至る排水口のゴム製の蓋を取り除き、勢いよく汚れた水を流すようにします。水はゴボゴボと音を立てて勢いよく流れて行きます。このように速い流れで流すと下水管に汚れが付きにくいでしょう。

ついでながら、食器洗いが終わったら雑巾で流しの周囲や水道のコックなどの汚れを拭き取ります。なお、洗剤の付いた食器洗いのスポンジは出来れば洗剤の付いた側を上か下に決まった側を覚えておいて、洗剤用具の容器の中に入れておきます。そうすると後でお茶などを飲んだ時に改めて洗剤をつける必要はなく1回分の洗剤を使わずに済みますので、ほんの僅かですが洗剤の節約になります。

なお、水道のコックは完全に閉めておかねばなりません。水漏れは絶対に避けなければならない。かりに、5秒に1滴の水漏れがあったとします。1滴を勘定し易いように0・5ミリリットルとしますと1分間に6ミリリットル、1時間に360ミリリットル。仮に10時間外出していて10時間経過した後には3600ミリリットルの水のロスにつながります。つまり最大量（1・5リットル）のペットボトル2本以上の水を無駄に流していることになります。

風呂場のコックのように「シャワー」・「蛇口」・「止」の機能のあるコックはいずれも完全に閉めるとともに「止」の位置にしておくようにしましょう。

賢い食生活はどうあるべきか

基本的には栄養バランスをとることが重要だと指摘されています。栄養は不足でも過剰でもいけない。栄養バランスについては厚生労働省と農林水産省が「食事バランスガイド」を出していますので、これを参考にすることが求められています。

２０２０年4月21日の朝日新聞に「栄養バランスでからだを守る」と題した記事がありました。折しもコロナウィルスによる新型肺炎が重大な局面に達していた時期だったのです。

厚生労働省と農林水産省の「食事バランスガイド」では、「ウィルスから身を守るためには免疫機能を維持する必要がある。米、パン、麺など炭水化物の『主食』、魚、肉、卵、大豆製品などたんぱく質が摂れる『主菜』、野菜や海藻などの『副菜』、そのうえ乳製品、果物などを摂取する。上記のような食で必要な栄養素がまんべんなく摂れる」と報じています。

同新聞では、1日で栄養バランスを完全に保持しようとするのは難しいので、数日の間で全体としてバランスが取れるように考慮することを提案しています。すなわち、昨日の食事で足りないものや過剰に摂取したものはないか、を確認した上で今日はそのバランスを調整するような食事献立を作ることが大切だ、ということでしょう。

一説によると、食事の時刻が日によって早かったり遅かったりして、まちまちである、1日2食しか食べない、というような人の場合は、次にいつ食物が入ってくるか分からないので、身体が自然に食べた食物を脂肪として蓄える機能があるとされています。その結果は肥満につながるというわけです。ですから1日3食を決まった時刻にキッチリと摂取することをお勧めします。つまり食を含めた生活のリズムを崩さないということです。

最近は和食が見直されているような気がします。日本は海に囲まれた島国なので、海の幸、山の幸に恵まれています。前にも書きましたが日本各地に独特の食文化があって、その地方の生活の息づかいが感じられます。外国人の立場から見ればスシやテンプラなどが典型的な日本食とされています。日本人は独自の工夫をして外国から入ってきた食品を和食として柔軟にとりいれている事例が多々あります。たとえば豚カツやコロッケなどはご飯と一緒に食べても何の違和感もない。餅やなれずしも中国を含めて東南アジアから入ってきて日本人の口に合うように改良されました。ラーメンも遥か昔の江戸時代、長崎、神戸、横浜などで中国から日本に伝来し、明治時代にはじわじわと広がりました。とくに戦後は中国大陸からの引揚者によって全国的に普及しました。その頃すでに日本のラーメンは日本人に合うように改変されて独特の食となりました。

一方海外へ輸出された和食が現地の外国人からリスペクトされるように作り替えた料理も珍しくはありません。

食事をするときには、次のことを考える必要があります。つまり、せっかく用意した貴重な食材なので、その美味しさを十分味わう気持ちで食べることです。単に空腹を満たすだけの食事では淋しい。美味しさをかみしめながら時間をかけてゆっくり食事をするのが賢い食事法だと思います。食の美味しさを楽しみながら食事するのが結果的に「得」になるわけです。

テレビでタレントが地方の食品を食べて、「ほのかな甘みがあって美味しい」「今まで食べたことがないまろやかでコクのある食感」「だしが利いて旨味が口いっぱいに広がる、どこか懐かしい味だ」などの発言をしているのをよく見ることがあります。タレントなので演技もあるでしょうが、そういう感覚で味を楽しむ意識を忘れずに食事をするのをお勧めします。

それに加えて、この食材を作ってくれた人、商品として用意してくれた人、美味しく調理してくれた人（自分も含めて）、多数の人達のおかげで、この美味しい食事ができることに感謝しましょう。美味しさは人が前を向かって生きる根源になると信じてください。

未来の食文化

近い将来、人口の増大や気候変動などによる食料難が予想され、昆虫食にも目が向けられています。すでにその動きとして、コオロギを粉末にしてクッキーやコオロギラーメンを作ったとの報道もありました。昆虫食レストランがオープンされています。代表は篠原祐太さん。

また弘前大学農学生命科学部環境昆虫学研究室の管原亮平助教授は、トノサマバッタが食品として普及する可能性がある、と主張しています。総じて昆虫はたんぱく質含有量が多く、その上環境に優しい食品として注目されています。昆虫食専門会社「ＴＡＫＥＯ」との共同研究の結果、最適な飼育条件や商品化のノウハウを模索中であるとのはなしです。昆虫の唐揚げ、煮干し、スナック、醤油、ビールなども開発中。

ゲンゴロウ、セミ、コオロギ、イナゴなどの素揚げを瓶詰にして売っている自動販売機が長野県に設置されています。２日間で１００個近くが売り切れるほど人気があるそうです。

一方、「ヴィーガン」と言う言葉が現れてきました。ヴィーガンとは完全な菜食主義を意味しています。別の視点から考えたヴィーガン主義は気候変動の主な要因である畜産を減らそうとする考え方です。国連の報告書によると、地球上の温室効果ガスの排出量は、畜産に由来する割合は14～18％。この値は全ての輸送手段で排出される温室効果ガスの13・5％より高い割合です。したがって持続可能な食生活のためには肉食を減らして菜食にすべきだという意見なのです。日本では理解がまだ不十分ですが、主に欧米ではヴィーガン主義者が増えているらしい。

肉や卵などの動物から得られるたんぱく質の代わりに大豆などの植物由来の原料から肉を作る培養肉の研究も進んでいます。最近よく聞く大豆ミートもそのひとつです。日本でも大豆粉末から肉、ハラミ、カルビなどが商品化されているようです。実は牛など家畜を飼うためには大量の水や穀類が必要。それだけ環境への負荷がかかっているわけです。大豆たんぱくからハムやカツが出来れば、それだけ温室効果ガスの排出も削減されると期待されているのです。問題はまだ十分に普及してないので価格が高いということでしょう。

でも筆者の予想では、肉を商品化する工程はかなりの人手が必要で自動化が難しいですが、植物由来の原料から肉に類した食品を作る工程は自動化が容易だと思われます。ですから人工肉の方が安価になる可能性が高い。皆さんも将来、安価な植物由来の人工肉を選んで経済的で賢い食生活に移ることができると思います。

一方牛からとった細胞を培養して作った培養肉の研究も進んでいます。つまりこの肉は「培養」という技術を使っていることが特徴です。シード・プランニングによる調査結果は次のとおりです。「日本の食物由来の代替肉の市場は2020年で約350億円、2025年で約450億円、2030年には約800億円になる」。同社は以上のように日本の代替肉の市場は右肩上がりに伸びる、と予想しています。

「将来の食料不足や地球温暖化への効果を考えれば、代替肉に切り替えることは避けられない」とする声もあります。「大豆ミートの時代は既に目の前に来ている！」と言っても過言ではないでしょう。

国際環境NGOグリーンピース・ジャパンは以下のような報告書を出しています。

「肉や乳製品の生産と消費を減らすと地球温暖化を抑えられる。世界で食肉処理される家畜の1人当たりの数は過去50年間で3倍以上になった。その分各種の肉や牛乳、チーズが食卓に上るまでに排出される温室効果ガスも増える。牧場を作るために森林を切り開くと、それだけ二酸化炭素の吸収量が減少する。食肉加工・運搬・農業機械・工場・トラックからも二酸化炭素が排出される。肉や乳製品に偏らぬ食生活が二酸化炭素を排出抑制につながる。食生活を見直し、栄養バランスを保持して、わが身と地球を健康にすることが大切だ」。

一方、過去の歴史を振り返って見れば、人間はとんでもない食品を口にする、と言わざるを得ません。飢饉になれば土を食べる。太平洋戦争中、ニューギニア、フィリピン、ガダルカナルなどでの日本の敗残兵は飢餓に苦しみ死者の肉を食べたという悲惨な歴史もありました。

大岡昇平著の小説『野火』には太平洋戦争の末期、レイテ島で主人公の田村一等兵が上官の言葉を聞く。「死んだら、俺の肉を食べてもよいぞ」と、飢えに苦しむ田村に伝える場面があります。

筆者は戦中、戦後の厳しい食料難の時代を過ごしてきました。配給される穀物がごくわずかだったので、雑炊やおかゆにしてボリュームを増やす工夫も重ね、サツマイモの「つる」も貴重な食品でした。戦中はイナゴの佃煮を食べた経験もしてきました。つまり未来の食は、何とかして過去に経験したような食糧難をもたらさないようにしなければならないでしょう。

一方日本各地では、それぞれ独特の伝統的な郷土料理が伝承されています。北海道から沖縄まで実に多種多様な郷土料理があり、ご当地グルメと称されて地域での観光資源として商品化されています。

郷土料理の魅力は、なんといってもその土地の人々の愛着心を感じることです。でも、郷土料理も時代と共に変化するのは避けられない。それはそれでよいのです。食は時代と共に変化するのは当たり前。

同じことが世界各国で起こっています。それぞれの国で独特の食文化があるのは当然のことです。ロシアのピロシキ、オランダのゴーダチーズや焼きうなぎ、スウェーデンのスモガスボード……数え上げればきりがありませんが……………　とにかくそれぞれの地方に固有の食があり、時を経てその時代の人々の好みに合った形に進化し続けています。人間が食を口にする行為は人と人との繋がりに関与しています。隣国の韓国を例に挙げますと、キムチは代表的な日本と韓国の繋がりのあかしのひとつでしょう。一方オデンやウドンは韓国でも日本食として定着していると言われています。

つまり未来の食文化の傾向は、食の「グローバリズム」が将来的な展望と言えると思います。

トイレは憩いと意識集中の場

この項の表題、「憩いと意識集中の場」という言葉は一見矛盾しているようですが、以下の文を読んで頂ければ納得して頂けると思います。トイレの話は敬遠されがちですが、排せつは生活の中で食事と同じ大切な行為です。

したがって、トイレは用を足す場だけではなく一種の憩いの場と考えられます。便座に座って誰にも邪魔にされず、狭いながらプライバシーが保たれる貴重な場なのです。トイレ空間はできるだけ快適な環境にしなければならない。ひとり暮らしであれば誰にも見られる心配はないので、夏は扉を開いて風通しを良くする、冬は暖房器具を入れて暖かい状態にしておく、などの対策をとるのがよいでしょう。トイレ用の芳香剤を使うのもきめ細かな配慮で、心の癒しになります。

トイレ用のスリムなヒーターが販売されています。それを使うのが望ましいのですが、ヒーターの切れ忘れが懸念されます。最近のヒーターは一定温度になったら自動的に切れる機種が主流ですが、誰もいないトイレ内のヒーターのつけっ放しは電気の無駄使いになります。ホームセンターで1時間のタイマーを売っていますので、それを使って5分か10分になったら切れるように設定し、その先にヒーターを接続します。たとえヒーターの切れ忘れがあってもタイマーで自動的に切れるので電気の無駄使いが省けます。それと、便座の蓋は必ず閉めておきます。便座は常に一定温度を保つように自動制御されていますので、便座の蓋が開いていると、逃げた熱を補うために電気が自動的に流れて電気の損失につながります。便座の保温に要する電気は、たとえ小電力であっても長時間蓋が開いていれば、かなりのロスになります。

私は朝夕2回大便を出します。いつの間にかそういう習慣になってしまいました。もちろん出る量は少ないです。腸内に滞留している宿便（滞留便）はほとんどありません。

いわゆる便秘状態では宿便が多い。とくに晩年になるとその傾向が出てきます。便秘になると腹部に不快感や腹痛が発生します。便が腸の壁にこびりつく結果、腸が伸びて垂れ下がったり、横に広がったりして、危険な状態になる。便秘は望ましくないので極力避けねばならない。そのためには少なくとも1日に1回は大便を出すようにしましょう。

腸の蠕動運動が始まらないと便が出てこない、蠕動運動はさまざまな筋肉が作用していると言われています、また蠕動は自律神経に支配されているという説もあります。私の経験では大便を出すコツはつぎのとおりです。

「まず姿勢を正しくする。すなわち少し前傾した姿勢、ロダン作の彫像『考える人』がモデル」。

「腸の蠕動運動を活発にするために便を出す前に下腹部を押さえる。あるいはもむ。たんに息むのはＮＧ。たまに軽く息むのは差し支えないが、むしろ下腹部に便を出すように意識（気持ち）を集中する。あくまでも腸の蠕動運動に任せて息んで便を出すのを控える。肛門から下腹部に直腸が伸びている（実際はそうではないが）ように想像して、そこに排便を促すように意識を集中させる。その結果、自然に便意が出てくる。集中力が途切れないように努力する」。以上、便意が出てくるように意識を集中する訓練をすることが大切です。

一方、ヨーグルトは便をスムーズに運びだす作用があります。ヨーグルトの中には乳酸菌が入っていますので、ヨーグルトを摂取すると、腸内にもともと棲息している乳酸菌を増殖させて整腸作用を促すと言われています。しかしヨーグルトがなぜ排便を促すかのメカニズムはまだ分かっていないようです。

腸の中の便がほとんど排出されたときには気分もスッキリします。次に膀胱に意識を集中します。そうするとしばらくして尿意が出てきますので、可能な限り排尿して、残尿を少なくするようにしましょう。

男性の場合は齢をとると多くの人は前立腺肥大症になります。ですから、できるだけ残尿を少なくすること。残尿が多いと頻尿になり、再々トイレに駆け込む事態になりかねません。さらに膀胱の中に大腸菌が増殖して膀胱炎になります。いちど経験すると分かりますが、膀胱炎はとても辛い病です。

前立腺肥大症の前兆は歯を磨くときに急に尿意を催す現象が出てきます。こういう現象が出てきたら、前立腺肥大症の疑いがあるので医師の診断を受けるのがいいでしょう。

大便をした後は肛門付近の筋肉（肛門括約筋）が外へ出ています。でも多くの場合肛門括約筋は時間が経過すれば自然に引っ込んでしまうのですが、できれば、洗浄した後に中へ押し込むようにします。肛門括約筋が出ていたままだとちょっと不快な気分である上に衣服と擦れて痔になる原因のひとつになります。

とにかく、トイレは用を足す機能、憩いの場の機能、意識集中の場、以上の役割を果たす大切な時間と空間である、との認識を持つべきです。

「トイレは便利な所ですが賢く使いましょうね！」

2〜3日以上も便が出ない、つまり便秘状態になる原因は食物繊維の摂取不足、水分の不足、糖尿病などの基礎疾患、生活習慣などが原因とされています。便秘が長引くと便の水分が無くなって便が石のようにカチカチになり、さらに出にくくなります。

便秘の度合いは人によって異なると思いますが、最後の手段は下剤。さまざまな便秘改善のための下剤がありますが、よく知られているのは酸化マグネシウムで、便に水分を含ませて軟らかくする作用があるとされています。私の経験ではセンナ末が効果的。センナ末はヨーロッパ・ハーブの便秘薬で、緑色の粉末で腸を刺激して動きを促進する作用があるとされていて、便秘改善にかなり効果があります。自然由来の伝統的な薬なので、安心して使用できます。しかし作用が強い。最初は少量から飲み始め次第に量を多くするようにすべきです。オブラートで包んで飲む、という方法も推奨できます。

いよいよ便秘が極端になってきて、日常生活に支障をきたすほどの状態になったとき、つまり便秘による腹痛、嘔吐などの症状の場合の究極の対策は浣腸。グリセリンを主とした使い捨て（ディスポーザブル）の市販品を使用することになります。しかし危険度が高い。医師の診断を仰ぐか薬剤師に相談することをお勧めします。

洗面所の賢い使い方

洗面所では歯磨きと、男性の場合は髭剃り、女性の場合はメイク（お化粧）をします。

皆さん歯磨きの間、水やお湯を流しっ放しにしていませんか。筆者の歯磨きの方法は次のとおりです。練り歯磨きをつけて歯磨きを始めます。その間はコックを閉めておいて、歯磨きが終わったときに初めて水やお湯を流して口の中に含んでよく漱ぎます。入れ歯のある人は入れ歯も綺麗に洗いましょう。

最近はあまり見かけませんが、練り歯磨きの広告に大量の練り歯磨きを歯ブラシに付けるようなイメージがありますが、そんなに過剰な練り歯磨きは不必要です。しかも練り歯磨きの浪費につながります。

一方、歯磨きを怠ると歯周病になるきっかけになる。歯磨きが不十分な時は歯垢がこびりついて細菌が発生。結果として歯ぐきに炎症が起こることになります。歯垢は歯科医に年2回ぐらい取ってもらう必要があります。年齢を重ねると基礎代謝が落ち、免疫力が低下して歯周病に罹患しやすくなる。その上歯だけでなく全身にさまざまな疾患をもたらすと言われていますので注意しましょう。したがって歯磨きのときに、歯ぐきを歯ブラシでこすって歯ぐきを活性化すると、口臭もなくなり歯周病を防ぐ効果があります。

それから歯間ブラシはぜひ使ってください。太い目と細い目の2種類を用意して、まず太い方の歯間ブラシで歯と歯の間の食べ物の残り分を取り除き、次に細い方の歯間ブラシで太い方の歯間ブラシが入らなかった歯間を綺麗にします。決して無理に歯間にブラシを押し込まないように配慮しましょう。歯と歯の間に歯間ブラシを入れる角度を工夫して、歯間ブラシが折れないようにすることが最大なポイントです。何回も歯間ブラシを折ると耐用期間が短くなり、すぐブラシ部分が取れてしまいます。

次に男性の場合の髭剃りについて提言します。他人に会う予定や外出する計画がないときは髭剃りの必要はない、と思われるかもしれません。だからといって髭剃りをしないのは、身だしなみを整える観点からあまり好ましいとは言えません。髭剃りをして髪の毛をそろえて身だしなみを整えると、おのずから心身共に引き締まった状態になります。

髭剃りは一般的に安全カミソリを使いますが、安全カミソリは必ずしも安全ではありません。できれば電気カミソリを使うことをお勧めします。それも充電式より電池式の方が取り扱いに便利。なぜかと言うと、充電式は出力が無くなったときに充電しなければならないので、急ぐときは充電に時間がかかって不便です。電池式なら電池を取り換えればすぐ使えるので、筆者も電池式の電気カミソリを愛用しています。安全カミソリのように深剃りはできませんが、電気カミソリでもほぼ完全に髭を剃ることが出来ます。

安全カミソリを好む人の場合でもスーパーマーケットやコンビニエンス・ストアで売っている１本１００円程度（３本組１袋３００円程度）の使い捨ての安全カミソリで十分です。上手に使えば驚くほど長持ちします。

高年の男性の身だしなみについて見えてきたことがあります。ひとつ目は鼻毛が伸びていて見苦しい人がいることです。ときどき鏡を見ながら先のとがっていないハサミを使って鼻毛を切っておく。丁寧な理髪店へいったら鼻毛を切ってくれることがあるでしょう。それと同じですね。

ふたつ目は肘の外側に瘤のような黒い角質が盛り上がっている人がいます。これも夏の半袖シャツを着る頃には何となく他人に不快感を与えます。風呂に入った時とかシャワーを浴びた後に、軽石でこすって少しずつ角質を取るようにするのがよい。あまり頻繁にすると傷がつくので様子を見ながら少しずつ取っていきます。その後はワセリンを塗っておくのがよいでしょう。ワセリンは案外効果があります。肘やかかとの角質除去後のケアに極めて有効です。ワセリンは値段以上の価値があります。つまりコストパフォーマンスが高いと言うことです。

頭の毛を整えるときには抜けた髪の毛を絶対に下水へ流さないことです。髪の毛は下水管詰まりの最大の原因になるからです。

女性の場合も同様です。乱れた髪を整え簡単なメイク（お化粧）をすることをお勧めします。男性の目から見ると身だしなみができていない女性を見ると、「女性であることを放棄した」感じがしてがっかりすることがあります。

女性の気持ちは男性の筆者には正確なところはわかりませんが、新聞の記事によりますと、「化粧は生活の一部。化粧をしないと1日中気持ちが落ち着かない」「化粧をすることで前向きに生きる。よそおうことは気持ちの浄化につながる」「メイクによって自分に自信が持てる」「自分が好きになれる」「自分に楽しみをくれるのが化粧」「メイクによって精神がいきいきとよみがえった」

以上述べたような女性の声があります。したがって、女性の場合でも、乱れた髪を整え簡単なメイク（お化粧）をすることは、他人に見られるためではなく、「自分のため」なのです。

もちろん厚化粧の必要はありませんが、キッチリとした姿勢は折り目正しく、見た目にも他人に好感を与えます。つまり、身だしなみができている女性には、日々を最善に生きようとする気持ちが自然に表れて、与えられた晩年の時間を楽しく大切に過ごそうとする意識が感じられて、いつまでも若いなぁ、と認められます。さりげないおしゃれは人を和ませます。

眼鏡・入れ歯・補聴器の選び方と保守

表題の物品は持つ人にとっては生活上決して欠かせない重要な品物です。いや、生活に必要と言うよりは身体の一部と言ってもよいでしょう。

先ず眼鏡ですが、もちろん自分の視力の衰えを補うのに十分な眼鏡を選ばなければなりません。視力は眼鏡店でも測定してくれますが、できれば専門の眼科医の検査に頼るのがいいと思います。なぜかというと、圧倒的に眼科医の方が視力測定の頻度が高く、かつ技術的にも高度だからです。

考えてみてください。眼鏡店では多分1日に視力測定する回数はせいぜい数回程度でしょう。ところが眼科医での専門の視力測定技術者は多分1日に10回以上視力測定をしていると思われます。その上眼科医自身がその測定結果を正しいかどうかを判断します。したがって視力測定は眼科医に依頼するのがよいという訳です。高価な眼鏡を購入しても、自分に合っていない眼鏡をかけていたら、大きな経済的な損失につながります。

それぞれ個人の趣味、好み、見栄えなど選ぶ指標は多いですが、高齢者はできるだけ軽い眼鏡（チタン製）を選ぶことをお勧めします。金張りなどの比較的重い眼鏡は肩こりのような悪影響をもたらすでしょう。そのうえ、自分の視力も次第に変わってきますので、少なくとも3年に1度は視力検査を受けて自分に合った眼鏡を選ぶことが大切です。

晩年になると姿勢が悪くなり猫背になりやすい。そのため新聞や本を読む時には、目と読み物との間隔が正常な間隔の約30センチメートルより短くなる傾向があります。そんな時は目を休め、近眼になるのを防ぐためにマジカルアイ（マジックアイ）が効果的です。よく知られているように、写真を片目で見ると立体感が出てきますが、マジカルアイは遥かに立体的に見えます。普通の絵なのですが、目の先約30センチメートルに保持し、視線を絵の奥、遠方に合わせます。そうすると不思議なことに立体像が現れます。これは非常に楽しいです。私は毎日マジカルアイを5～10分間見ています。最近はパソコンを使う機会が多くなり目の疲労が目立つようになりました。

日常生活で目、皮膚、舌、鼻、耳などから情報を得ていますが、その情報のほとんどが目から得られると言われます。したがって目の疲れはかなり重大な障害になります。皆さんも目が疲れを感じたら、是非マジカルアイを試みでください。面白いですよ！

一方、岩田有弘著『歯は抜くな・抜くといわれた歯を守る』と言う本が出版されているように、本人の持っている自身の歯はとても大切です。しかし現状は入れ歯（義歯）を使っている人が多いのも事実です。入れ歯はもちろん歯科医に作ってもらいますが、歯科医とそれを支える歯科技工士の技術によって大きな偏りがあります。とくに歯科技工士は厚生労働省による国家試験に合格し、高度な技術を持った人が望まれています。要するに入れ歯の出来具合は歯科医と歯科技工士の技術に大部分が依存していると言うことです。したがって出来るだけ技術レベルの高い歯科医に頼らざるを得ないのですが、これがなかなか難しい。まあ現状ではできるだけ多くの人に聞いて評判の良い歯医者を探すしか、われわれ庶民には手段がないのは悲しい現実です。

でも儲け中心の歯科医は一回掛かればすぐ分かりますので2度と受けることは止めましょう。私は近所の歯科医に受診していて年に2回歯垢を取ってもらっていますが、この歯科医は必要な処置は必ずするが余分な手当ては一切しないという、儲け主義歯科医でないことが1回受診したときからハッキリ分かりました。要支援や要介護を受けている人はケアマネージャーの意見を聞くのも選択肢のひとつでしょう。

一方、入れ歯は時を経ることにより嚙み合わせが悪くなってくることも多々あります。それは入れ歯をつけている自分の歯の状態が変化しているのが原因のひとつになっているからです。その上、入れ歯はあまり丈夫ではありません。洗面所で落としたりすると壊れることがありますので、取り扱いには十分注意しましょう。

寝るときには一般的に入れ歯を外した方がいいと言われています。その理由は、寝ている間に入れ歯に圧力がかかって、口内炎が出来る可能性があるからです。入れ歯を外して寝ることは、歯ぐきや口の中の粘膜を休ませるためです。もうひとつ入れ歯を外して寝る理由は、睡眠中は唾液があんまり出ないので口の中が乾燥気味になり雑菌が増える傾向もあります。その結果、虫歯が出来たり歯周病になったりすることがあります。入れ歯には凸凹があるので雑菌や汚れが付きやすくなるからです。

一方、入れ歯を装着したまま就寝した方がよい、と言う意見もあります。

残っている自分の歯が少ない人の場合は、寝ているときに無意識に嚙むことよって残っている僅かの歯に大きな負担が掛かるからです。こういう人はむしろ入れ歯を装着したまま寝た方がいいでしょう。

次に補聴器について私見を述べてみます、晩年時代の人は難聴になるケースが多く見られます。難聴は十分警戒しなければならない症状で、難聴のまま放置しておくと認知機能が衰えてきます。これは極めて重大です。つまり耳が聞こえないと人との会話が難しくなり、どうしても会話を避ける傾向が出てきます。その結果、しゃべらなくなり、また会話を避けテレビを見なくなったりする結果、認知症を発症します。少しでも人との会話に支障をきたすようになれば、是非とも補聴器をつけることが大切です。

補聴器はとても高価です。数十万円から100万円位まで幅がとても広い。数万円の補聴器は多分「補聴器」ではなく「集音器」に類するものでしょう。
補聴器と集音器の基本的な相違は、集音器はすべての周波数の音を一律に大きくする機能があるだけなので、周囲の雑音も一緒に大きくなります。音量は拡大されますが、聞き分けができないのが根本的な欠点です。

一方、補聴器は、その人の聴力の衰えた周波数だけを大きくするように設計されています。したがって耳鼻科の医者に測定してもらった、自分の聞こえの悪い周波数だけを拡大するような機能を持っている補聴器を選ぶべきです。それと、片耳だけなく是非両耳に装着するのが正しい補聴器の使い方です。補聴器の価格の違いは、音の拡大と縮小をする周波数領域が細かく分かれているか、割合大まかに分かれているかの違いによります。両耳で数十万円する補聴器は周波数を割合粗目に分けて、それぞれの周波数の音を拡大したり縮小したりしています。１００万円もする補聴器はさらに細かく周波数を分けて、それぞれの周波数領域を調整するようになっているので高価になるのです。

補聴器が高価なのは、購入した後の調整が極めて重要だからです。出来るだけ行きやすい補聴器専門店で購入することをお勧めします。と言うのは何回も調整しないと自分の聴力を補うのに十分な機能を得られないからです。その上自分の聴力が年と共に変化するので、その度に補聴器専門店で調整しなければならないのが、もうひとつの理由です。

それと聴力の測定は、補聴器屋でもしてくれますが、できれば耳鼻科の医者に測定してもらうのがベストです。

万一、極めて難聴であれば、障害者手帳を交付してもらうこともできます。障害者手帳を交付してもらうためには、もちろん耳鼻科の医師の判断によらねばなりませんが、この判断をする耳鼻科医の数は限られているので市役所に問い合わせるのが良策でしょう。障害者手帳を交付されれば、いろいろな特典があります。たとえば市内のバス料金は無料になる。身分証明書の代わりになるなど。市によって違いがありますが、極めて難聴であれば是非障害者手帳を交付されるように手続きをすることを推奨したいと思います。

終《つい》の住処は老人ホーム？　それとも自宅？

年を重ねると、歩行も自由にできず、歩くスピードも遅くなるのは自然の成り行きです。したがってリタイア後の住処について、元気で気力のあるときから考えておくことが必要になります。それぞれの人の考え方、家族との繋がりと家族構成、現在の住所、年齢、性別などの条件によって、様々ですが、一般的には一戸建ての住宅よりマンションの方がいいでしょう。理由は、同じ価格でマンションの方が交通、買い物、医者通いなどが容易にできるからです。

居住スペースは狭くなりますが、何かにつけて便利です。子供達もそれぞれ独立して別の住まいに移り、夫婦2人だけ、あるいはひとり暮らしになる可能性が高い。そうなると何かにつけて便利なマンションに住処を移すのがひとつの考え方だと思います。

これは一般的な話なのですが、一戸建ての家の値段よりマンションの方が割安です。もちろん様々な条件によりますが、一戸建ての家を売って余ったお金を老後資金に貯蓄しておくという方法はどうですか？　多くの人達は何らかの老人ホームのような施設へ入る公算が大きいと思いますので、その時の入居一時金に充当すれば安心して施設へ入居できます。後は毎月支払うお金が問題ですが、入居一時金を十分出しておけば月々の支払いは比較的安価で済ますことが出来ます。

私事で恐縮ですが、妻が他界したとき一戸建ての住宅を売却してマンションに移りました。そのおかげで、今まで買い物や医者通いに10分から15分歩く必要がありましたが、マンションに転居してから買い物は歩いて5分、同じく歩いて5分のところに大病院があります。とても便利になりました。

さらに考える必要のあることは、買い物や医者通いに坂道がないことがもうひとつの条件になります。道路の傾斜は年配者にとって大きなバリアーになります。これは年を経ないと分からないですが、実際に晩年になると坂道を上るにしても下りるときも、その困難さをひしひしと感じます。ぜひとも平坦な土地に建っているマンションを選んでほしい、と思います。

一方、築後40年以上のマンションは老朽化による雨漏りがひどくなり部分的な荒廃、たとえば壁のひび割れや手すりのさびなど、管理が十分にできていないケースがたくさんあります。こういうマンションでは一般的に住人の高齢化が進み管理が十分にできない事例が認められますので、慎重に選ぶようにするのがいいでしょう。

最近は高齢化が急速に進行し、各種の老人ホームが出来ています。新聞を見て下さい。老人ホームの広告の掲載されていない日はほとんどないと言っても過言ではありません。さまざまな老人ホームがありますので選び方には十分注意しましょう。

一般的に老人ホームは公的施設と民間施設に分かれています。介護付き有料老人ホーム、特別養護老人ホーム、サービス付き高齢者向け住宅、ケアハウス、介護老人保健施設、グループホーム、軽費老人ホーム、介護医療院など、実に多様な施設があって判断が非常に困難です。

一方、自立型、生活支援型、介護型などの分類もできます。もちろん全部の型式を備えた老人ホームもあります。自立型や生活支援型の施設では入居一時金は比較的安価ですが、介護型施設では高価になります。仮に自立型や生活支援型の施設に入居したとき、介護が必要になった場合には介護型の施設に移る必要があります。そのときに高額の入居一時金を支払わなければならない事態になりかねません。これは経済的にも大きな負担になります。

それならば最初から介護型の施設に入るのが安心かと言うと、一概にそうとは言えないのです。というのは介護型の施設は入居一時金や月々の支払金がとても高額なので、年金だけでは支払いが不可能になる恐れがあります。

一方、自宅で最期まで住み続けるという選択肢もあります。長年住んでいた「よしみ」や多くの知人が住んでいてなんでも相談できるし、イザと言うときは頼りになります。健康な状態のときはいいのですが、病気になった場合は訪問診察・治療を受けなければならなくなります。X線検査やMRI画像撮影の時は寝台車のような乗り物で大病院へ行くことになるでしょう。その上、介護が必要になったときには介護人に来訪・介護などを頼むことになります。当然費用もかなりの額に上ることが予想されます。

ここで考えねばならないのは自分の余命が後何年か？　ということです。もちろん全く予想は困難で不可能ですが、じっくり自分の健康状態を見極めて熟慮しなねばならない問題です。さらに家族との関係、自分が望んでいる最期の在り方など選択の条件は極めて複雑ですが…………

悲しいながらこれが現実のわれわれ庶民の置かれた現状なのです。

北欧の国々のように、晩年の人達が幸せに満ちた生活が出来るような社会の仕組みになってほしい、と切に願っています。

ＢＭＩ（ボディマス指標）の保持

食品を管理し、バランスのよい食にこころがけ、自分の健康を維持することはとても大切です。そのためには、毎日決まった時刻に体重を量って記録しておく習慣を定着させましょう。

つまりＢＭＩ（ボディマス指標）をチェックすることが人生をハッピーにするカギになります。これは医学的にも認められていることです。

体重（kg）／身長（m）の2乗＝ＢＭＩ　となります。

　このＢＭＩは22が標準体重とされています。ＢＭＩが18・5以下であれば栄養不足でやせすぎ。解決法はバランスの良いカロリーの高い食生活に改善する。キッチリとした食事と適度な運動が必要。ＢＭＩが18・5〜25・0の人は標準値以内で適切な体重なので、現在の状態を保持するように努め、この食生活を定着させる。ＢＭＩが25以上であれば肥満。これは健康上好ましくない。食生活を見直して適度な運動をして食べすぎないようにする。

　このようにＢＭＩ値を生活上の健康維持の重要な指標と位置づけし、標準値をキープするように、日常の黙々とした積み重ねが求められます。

　様々な体重計が販売されていますが、ＢＭＩ値を自動的に計算して表示する体重計があります。同時に体脂肪や内臓脂肪も表示します。とても便利です。欠点は靴下を履いたままでは測定できないこと。と言うのは両足の皮膚から微弱な電流が流れて、その流れの強弱によって脂肪分を測定する仕組みになっているからです。だから体重だけを量る体重計を設置するのもいいと思います。

　一方、晩年になると脊柱管狭窄症発症や腰の曲がりなどが原因で、身長が低

料金受取人払郵便

新宿局承認

7552

差出有効期間
2024年1月
31日まで
(切手不要)

郵便はがき

1 6 0-8 7 9 1

141

東京都新宿区新宿1－10－1

(株)文芸社

愛読者カード係 行

ふりがな お名前		明治 大正 昭和 平成 年生 歳	
ふりがな ご住所	□□□-□□□□		性別 男・女
お電話 番 号	(書籍ご注文の際に必要です)	ご職業	
E-mail			
ご購読雑誌(複数可)		ご購読新聞 新聞	

最近読んでおもしろかった本や今後、とりあげてほしいテーマをお教えください。

ご自分の研究成果や経験、お考え等を出版してみたいというお気持ちはありますか。

ある　　ない　　内容・テーマ(　　　　　　　　　　　　　　)

現在完成した作品をお持ちですか。

ある　　ない　　ジャンル・原稿量(　　　　　　　　　　　　　　)

書　名			
お買上 書　店	都道　　　　市区 府県　　　　郡	書店名	書店
		ご購入日	年　　月　　日

本書をどこでお知りになりましたか?

1.書店店頭　2.知人にすすめられて　3.インターネット(サイト名　　　　　　)

4.DMハガキ　5.広告、記事を見て(新聞、雑誌名　　　　　　)

上の質問に関連して、ご購入の決め手となったのは?

1.タイトル　2.著者　3.内容　4.カバーデザイン　5.帯

その他ご自由にお書きください。

(　　　　　　　　　　　　　　　　　　　　　　　　)

本書についてのご意見、ご感想をお聞かせください。

①内容について

②カバー、タイトル、帯について

弊社Webサイトからもご意見、ご感想をお寄せいただけます。

ご協力ありがとうございました。

※お寄せいただいたご意見、ご感想は新聞広告等で匿名にて使わせていただくことがあります。

※お客様の個人情報は、小社からの連絡のみに使用します。社外に提供することは一切ありません。

■書籍のご注文は、お近くの書店または、ブックサービス(📞0120-29-9625)、セブンネットショッピング(http://7net.omni7.jp/)にお申し込み下さい。

くなることがあります。その結果ＢＭＩ値を計算する式の分母が小さくなり、ＢＭＩ値が増える問題があります。ＢＭＩ値が標準値より多めのときは背丈が低くなったためかも？　ということを確かめることが大切です。

セルフメディケーション

世界保健機構（ＷＨＯ）の定義ではセルフメディケーションとは「自分自身の健康に責任を持ち、軽度な健康不調は自分で手当てをする」。以上のようなフレーズで結んでいます。大いに参考になるのではないでしょうか。

前にも書きましたが、健康で元気になる秘策や近道はありません。生活状態をチェックして、リズムに乗って規則正しく過ごすことが大切です。そのためには、栄養バランスの取れた食事、適度な運動、そして十分な睡眠の３つが輝いた人生を約束します。とくに食事の美味しさは人が前を向いて生きる原動力になります。

ではセルフメディケーションを保つためにはどうすればよいか？

その答えは「できるだけ平均寿命に健康寿命を近づけること」。健康寿命を延ばすためには、意識するだけでなく行動に移すことが求められます。これが健全な社会を構成する意味でも重要です。対策は自分の体重や血圧、出来れば体温などを定期的に測定して記録しておきましょう。少なくとも日記に記入しておくべきです。できれば表か図にしておけば経過がよく分かり、健康管理に役立ちます。

著名な作家である五木寛之の言葉では「身体語に耳を傾けることが大切。つまり身体が発する信号を敏感に感じ取る、何となくだるい、肩がこる、眠たい、喉や鼻が変だ、気分が乗らない、気力がない、などなどいろいろな兆候を感じる。これが『身体語』である。歳とともに次第に『身体語』が聞こえるようになってくる」。

五木氏の言葉どおり自分の身体から聞こえる兆候は、経験というか年の功というか、確かに感じることができるようになります。その微細な兆候をとらえていち早く対策を講ずればセルフメディケーションが成り立ちます。

たとえば、風邪薬の宣伝文句に「くしゃみ3回◯◯3錠」とか「早めの□□□□」という呼びかけを聞いた覚えがあります。くしゃみが多かったり片頭痛を感じたりした時は「これは風邪の兆候」とみなして早めに対処する。薬を服用する、早めに就寝する、などの対策をとるのがよいでしょう。

しかし油断をしてはいけません。身体語に敏感であって、体力そのものが基本的に弱っているのが晩年にはありがちです。

グローバル・ヘルス研究者の武見敬三氏の意見では、「自分の健康は自分で守る（セルフメディケーション）。自分の健康を守ることは他人の健康を守ること。ひいては社会の健康を守ることにつながる。適度な運動とバランスの良い食事、良質な睡眠で体調を整え、免疫力を高める。体調の変化に敏感で、病気の症状が初期段階のときに処置をする。医師や薬剤師に的確な判断をしてもらうためには、自分の症状や服薬状況を丁寧にかつ正しく伝える」。

一説によると老化の兆候は喉に現れると言われています。日本人の死因は1位ががん、2位が心臓関係の病、3位が脳関係の病気。ところが最近になって肺炎が3位に浮上しました。とくに老人の肺炎は深刻です。コロナ禍による肺炎は特別な例ですが、一般的な肺炎の主な原因は誤嚥性です。つまり、食べた食品が食道へ行かずに気管に入って行く状況を言います。こういう状況になると誤嚥性肺炎を発症して死に至ります。

特に飲み物を飲むときにむせる現象が現れると誤嚥性肺炎を起こし易くなります。私の経験では飲み物を飲むときには上を向いてコップなどの飲みものを口の中に入れますが、上を向いたまま飲み込むとむせることが多い。頭を下げて下を向き、その状態で、口の中で下から上へ飲み物を持ち上げて喉へと送るようにすれば、スムーズに飲み物を食道へ送ることが出来ます。是非いちど試してください。

基本的には喉の筋肉を活発に保つ必要があります。カラオケで歌を歌う、毎日歩くことにする、人と話をする、などが喉の筋肉を強くすると言われています。笑いも効果的なようです。

私が臨床検査技師から教えてもらった方法は、まず口を出来るだけ大きく開ける、10数えるぐらいの時間、そのまま保持する。次に口を「ウ」を発音するようにすぼめる、次に「エ」を発音するように出来るだけ口を横に大きく開く。舌を出来るだけ上へ出す、次に出来るだけ下に出す（ちょうどアインシュタインの像のように）、さらに左へ出す、右に出す、舌で頬の内側を押し出すようにする、これを2〜3回繰り返す。

令和3年4月21日のＮＨＫの番組で喉の筋肉、とくに舌の力を強くする方法として、意外なことに、腿の裏の筋肉を鍛えるのがよい、と紹介されました。一見何の関係もないように思われますが、番組によると腿の裏の筋肉と舌の筋肉はつながっているということです。例えば椅子に座って片足を上げ足先を上向けにしてしばらくそのまま保持する。さらに身体を少し前かがみの状態で30秒間保つ。この動作を左右の足で繰り返す。食事の前にこの運動をすると効果的だと言われていました。効果が出てくるのは少し時間がかかるかもしれませんが、いちど試してみるのもよいかと思います。

以上の方法で舌の筋肉が鍛えられ、したがって喉の筋肉も丈夫になって、食べ物が気管に入らないように気管に蓋をすることができるようになる、と言われています。つまり誤嚥性肺炎を防ぐのに効果的な方法なのです。

薬はどうやって管理する？

晩年になると複数の病気に罹り服用する薬の種類も量も多くなります。ポリファーマシーという言葉をよく耳にしますが、これはたくさんの種類の薬を飲む状態を示す言葉です。

多くの薬にはいろいろな副作用があり多種類の薬を服用すると副作用が重なって、じんましんや肌のかゆみがでてきます。そのため病院の皮膚科の診察を受け、かゆみ止めの薬を調合される結果、さらに服用薬の数が増える、という悪循環に陥ります。ですから出来るだけ薬の種類を少なくする努力が必要でしょう。

医師に薬を減らすことを提案するのはかなり勇気が必要になります。医師は自分が診ている患者が他にどんな薬を飲んでいるかを確かめた後に処方箋を書くこともあるし、そうでない場合も多いのではないでしょうか？　前立腺肥大症の薬の一種には副作用として「かゆみが出ることがある」と書いてありました。不思議なことに、かゆみ止めの薬の副作用に「かゆみが出てくることがある」と、薬の説明書に書いてありました。これには驚きました。

薬の副作用で有名なのはサリドマイドです。サリドマイドは睡眠薬の一種ですが、妊婦が服用すると生まれてくる赤ちゃんに奇形が現れることで、一時大きな社会問題になりました。その結果1961～1962年に発売禁止となり、すでに市場に出ている薬は全部回収されました。

こういう事例がしばしば見られるので、必要な薬は確かに病状改善の効果が期待できるので服用しなければならないと思いますが、一方では副作用にも注目し、出来るだけ薬の種類を減らす努力をして、賢い患者になる必要があります。

一方、薬の管理には十分注意しましょう。老人はときには薬を飲んだかまだ飲んでいないか忘れてしまうことが多々あります。薬局では朝、昼、夕、寝る前、と仕分けのできる薬袋を売っていますが、生活を音楽のリズムのように規則正しく送り、1日の中で決まった時に決められた薬を飲む習慣を身に付けておくことが望ましい。そういう習慣ができたならばもう大丈夫です。

万一飲んだか飲まなかったのか忘れた場合は飲まない方を選ぶべきです。なぜかと言うと2回も同じ薬を飲む危険性は極めて高く、飲まない場合の危険度はほとんどないからです。

とにかく日常生活を決まった時刻に起床、朝食、昼食、夕食を摂るというようなテンポよく過ごすことが望まれます。積み重ねられた習慣は貴重なものです。こういう習慣が定着すれば薬の飲み違いもなくなるベストな生活方法だと言えるでしょう。

最後に目薬について私が考えていることを提案します。齢をとると白内障や緑内障に罹患する人が増えてきます。目薬を点眼するときには両手で目薬の容器を支えて容器の先端がまぶたやまつげに接しないように、2センチメートル程度の高さから目玉の上に滴下するように慎重に点眼します。これは目薬の汚れを防ぐための措置です。これは毎日訓練するしか方法はありません。

目薬は定期的に点眼するのが効果的だという考えが浮上します。目薬のなかには1日3回点眼する種類が比較的多いような感じがします。1日の最初の1回目は多分朝食後に点眼、1日の最後の3回目は寝る前。寝る前の点眼は、これから睡眠にはいるので目を休めるために効果的だと思うからです。そうなると1日の2回目は何時に点眼すべきか。できれば時間的に等間隔になった方が望ましいと想定されます。

仮に1日の1回目を朝8時とします。3回目の点眼を寝る前の22時と仮定しますと、時間的に等間隔で点眼するとなると2回目は15時になります。つまり朝8時の1回目の点眼から7時間経過した後の15時に2回目の点眼、さらに7時間経過後の22時に3回目の点眼。

皆さん意外に受け止められるでしょうが、目薬の効果を最大限に発揮させるために点眼を等間隔にするとなると、2回目は15時（午後3時）になるのが最適な解なのです。

1日に2回点眼する目薬の場合は朝と夜で問題はないですが、1日4回の場合も1日3回の例のように、まず朝と寝る前の点眼時刻を設定して、後2回は出来るだけ等間隔になるように計算して点眼することを提言したいと思います。

とくに瞼の中に炎症や充血が発生（一例は結膜炎）して抗菌作用のある目薬では、出来る限り等間隔に点眼することが望まれます。

なお、一言つけ加えますが、目薬の説明書にも書いてあるように、2種類の目薬を使用するときは、少なくとも5分以上の間隔をあけて点眼する原則を守らなければなりません。

足腰の筋肉アップのための外出

筑波大学大学院、久野譜也教授は「運動不足は足腰の筋肉の衰えを招き、免疫力の低下をもたらす。筋力アップに効果的な方法はスクワット。椅子から立ち上がったり座ったりする。外出したときの歩行速度をチェックする」と述べています。

一方、東京大学高齢社会総合研究機構、飯島勝矢教授は「コロナ禍時代のような『ステイホーム』では外出回数が減ってくる。さらに粗食・欠食などの食事の乱れ、筋肉量の減少、これらで心身機能の衰えが起こる。対策は栄養と運動と社会参加。シッカリ噛んで、しっかり食べる、こまめに身体を動かす。人と会話する機会を増やす。外出、散歩、家事などで運動量を増やす」との意見を出しています。

確かに人間は老いると、家に引きこもって外出する気にならない傾向が出てきます。1週間も家に引きこもっているのは果たしてまともな生き方でしょうか？　人生の晩年時代でとくに必要なのは外出です。よく言われているように「歩くだけで病気の9割は治る」「歩行は人生を変革する」「足は第2の心臓」などの言葉が見受けられます。買い物に出かけたり、職場へ行ったり、また趣味の会に参加したりの行動を始めましょう。

実は私の住処の近くに全く同じ誕生日のとても元気なお婆さんがいます（当方はやや元気なお爺さん）。近所のスーパーマーケットでよく会い数分間立ち話をすることがしばしばあります。ある日、スーパーマーケットで会った後、彼女は隣のホームセンターへ行ったようです。私は食料品を買って帰宅。またばったり会いました。ところがそのお婆さんは何も買い物をしていない。つまりこのお婆さんは何も買うものがないのに外出していることが分かったのです。元気の秘密はここにあった！

一説によると「日常の健康法としては歩くことがいい、足の筋肉が動くことによって血液の循環が良くなり心臓を助ける、大脳にも血液がめぐり頭の回転も良くなる。歩くことによって足の筋肉が増える」。

しかしあまり過大な目標を立てないで、無理のない範囲で、しかも「快く」。片や運動習慣がない人は肥満になりやすい。肥満の人は鬱病になるリスクが1・5倍になると言われています。たとえ1000歩程度のウォーキングでも外出することによって活動量を上げられます。その上筋肉量が増えて、さらに長く歩くことができるようになります。カロリー豊富な食事を摂り、栄養バランスの良い状態では筋肉量が増えると言われています。

一方、肝臓は食事から得たエネルギーを蓄える機能があります。肝臓が硬くなる肝硬変などの病気になると肝臓のエネルギーを蓄える能力が衰えてきます。そのためエネルギー不足が起こり、筋肉を作るアミノ酸が失われて筋肉量が少なくなるそうです。

外出したときに人に出会ったら積極的に会話をすることを推奨します。たとえあまり親しくない人でも話しかける勇気を持つべきです。さりげない話しかけは、まず「今日は昨日より少し暑いですね」「天気予報では雨と言っていたが降りそうにもないですね」というように、天候から話を切り出すのが無難です。相手が乗ってきたら「私はこれから○○医院へ行くのですが、あなたはどこへ行きますか」のようにまず自分の行動を相手に告げて、その後相手の行動を聞きだす、という会話パターンがスムーズに素敵な出会いを作るキッカケになります。

一番気をつけねばならないことは階段の上り下り。必ず手すりを持って身体を安定に保つ必要があります。手すりの助けを借りなくても階段の利用が自由にできる人は多分手すりにすがる必要はないと思いますが、考え事をしていたり、急いでいたりすると、つい足を踏み外して階段から転げ落ちる危険性はゼロではない。少なくとも手すりの近くを上り下りしていざと言うときには手すりを掴める位置で利用することを心掛けるべきです。

よく経験することですが、階段を上り下りしている間に「電車のドアが閉まりかけている、急がないとその電車に乗り遅れる」。こういうときが最も事故が起こりやすいので、電車に乗り遅れそうになっても絶対に急がない。必ず自分のペースで行動するべきです。

「仮に30秒、家または職場を早く出ていたとすれば必ずその電車に乗れたはず。

逆に30秒遅く出たと仮定すると、プラットホームに着いたときはその電車はすでに駅を去ってしまっている。その電車に乗る必要性は全くない。遅れたときは、ゆっくり次の電車が来るまで待つ」。

以上のようなゆとりを持つ心が必要です。たかが30秒の違いで階段事故を起こして大怪我をしたとしたら一生が台無しになります。

外出する際は必ず留守のあいだ異変が起こらないように点検します。私はよく見えるところに点検すべき項目を書いた紙を貼っておいて、ひとつひとつチェックします。たとえば、眼鏡、財布、スマートフォン、カード類、室内灯、ガス栓、水道栓、エアコンなど。最後に玄関の施錠。

最近はこういう項目をチェックする器具が市販されているようですが、器具を持つよりは前記のように紙に書いておけばシンプルで経済的ですのですぐ実践可能です。

パフォーマンスが上がる健康法

日常の健康法としては、前にも述べたように、まず歩くことがよいとされています。外出しないで同じ量の食事をしていれば、当然のことながら体重が増えてきます。つまり食事の量が運動の量より増えれば、その余分量が脂肪として体内に蓄えられて体重増につながる、と言うわけです。

最近の研究では1日に同じ時間、たとえば2時間を歩き続けていた場合と、その2時間を2回に分けて1時間ずつを2回歩く場合とは同じ効果があることが分かってきました。したがって天気のよい日や気分のよい時にまとめて歩くことも選択肢のひとつになります。体重増はさまざまな悪影響をもたらします。コレステロールを増やす、認知症になりやすい、よく眠れない、糖尿病の予備群になる、血圧が上がる、など。

一方、ウォーキングが喉や舌の筋肉を鍛えるのに有効だ、との意見もあります。人間は年をとると喉の老化が始まり、舌の力が衰えて誤嚥性肺炎に罹りやすくなる。声がかすれる、水を飲んだ時にむせる、せき込む、などの兆候が現れます。

最近の調査では高齢者の肺炎のうち、約70パーセント（コロナによる新型肺炎を除く）が誤嚥性肺炎だとされています。そこで大切なのは喉にある筋肉を鍛えねばならない、そのためにはおしゃべりをしたり、歌を歌ったり、漫才を聞いて笑ったりすることが推奨されています。

さらに何か夢中になることを持つべきです。「読書をする、スポーツを楽しむ、音楽を聴く・楽器を演奏する、映画館へ行く、絵を描き彫刻に励む」などが挙げられるでしょう。「楽しい、面白い、ワクワクする、集中する、夢中になる、達成感がある」。このように何かに没頭する機会があれば、その人のパフォーマンスが上がります。

多様な視点で日常生活をみる

日常の生活で健康維持をするためにはまずバランスの良い食事が大切で、それに加えて適度な運動、例えばウォーキングなどは晩年の人たちに適した運動だと思われます。

日々の生活での行動のひとつとして、朝起きたとき、窓を全部開いて新鮮な空気を入れます。とくに寒い季節では、1日中窓を開けない日が続く傾向があり、室内の空気がよどんでいて新鮮さからほど遠い状態になりがちです。ですから夏はもちろんのこと冬も欠かさず新しい空気の流れが通るようにします。どうせその期間は洗面所にいる時間なので、居間が寒くても問題はないでしょう。

日常生活では、新聞を丹念に読む、テレビでニュースを聞いたり好きな番組を見たりする、趣味の楽器演奏、絵描き、読書、日記書き、家計簿記入などをする、美味しい食事をする、風呂に入ったり、シャワーを浴びたりして身体に安息を与える、そして決めた時刻に就寝する。このような当たりまえの1日を規則正しく過ごす生活習慣を身につければ、その人の人生はより幸せになります。

日常の生活の中で日記を書くことをお勧めします。日記は面白くまた長続きするようにしましょう。その日の行動や感じたこと、他人との会話で得た知恵や知識、読書の感想、ニュースで聞いた社会の出来事など何でも記録しておきます。私はワードを使って去年の日記をコピーして、これを元にして上書きしています。去年の今日はこんなことがあった、こんな感想が書いてあった、こんな本を読んだ……

去年の日記に書いてあったことを参考にして、たとえば「何時何分に家を出て何時何分の電車に乗って初詣に行った」というように、今年の初詣に行く時間設定ができます。つまり過去の経験を生かすことができるメリットがあります。

日記に読書感想が書いてあるのも大いに参考になります。良書に接したときの読書感想は、たとえ自分流に解釈した記述であっても読書後の感激が日記の行間に認められます。その感激の余韻を改めて認識して楽しむことができ、新しい空想の世界を展開できます。

このように日記は私たちの日々の暮らしに直結しているのです。日記を書くことは経験・記憶。感想・感動などを文章にすることによって豊かな生活を約束します。さらに大きなことは日記を書くことによって文章作成能力が向上し、語彙も豊富になる効果も期待できます。とくに日常の出来事だけでなく、そこから得られた感想や自分の考えなど、創造的なことを書く習慣を身に付けられれば最高の日記になるでしょう。

次にもうひとつのアドバイスを提供します。それは家計簿をつけることです。家計簿はちょっと面倒くさいと思われるかも知れませんが、賢く経済的な暮らし方をするためには是非とも必要な作業です。

その日の出金、たとえば食品◯◯円、日用品□□円、医療費△△円、交通費◇◇円などをすべて書き入れます。月の終わりにはその月間の収入（各種年金、働きによる収入など）、公共的に求められる必要な支出（家賃、要支援や要介護の費用、保険料、テレビ受信料など)、生活上必要な支出(電気、ガス、水道、新聞代、スマートフォン)、日常の生活費(食料品・日用品の購入費、医療費・薬代、散髪・化粧品、レッスン料・趣味の会の会費など)を分類して集計します。

ただし、年金は2か月分がまとめて入金されますので1か月分にして記録します。スマートフォンや電気代・ガス代などは日曜日や祝日の関係もあって次月に差し引かれる時がありますので、それらは次月の支出として記録しておきます。

そして、その月の全収入から全支出を差し引いて、この月は◯◯万円プラス、この月は□□万円マイナス、のようにその月の収支の結果を総括します。とくに高価な買い物、無駄使い、衝動買いなどが一目瞭然。

そして年末にその年12か月分全部の収支をまとめます。この年は総じて何が収支を悪くしたか、がハッキリ分かり生活上の問題意識を喚起することにもつながります。

家計簿を記すことはシンドイけれど頑張りどころであり、暮らしの中で不要な支出をセレクトする重要な位置を占めています。

好奇心で人生がワクワク

１０５歳の高齢で平成29年7月に亡くなった日野原重明氏の残した言葉が印象的です。彼は亡くなる直前まで現役の医師として活動する一方、講演や執筆など幅広い活躍をし、そのうえ海外での働きも目を見張るものがありました。「長寿の秘訣は３つ。第１は積極的に医者の意見をよく聞き、自分の身体の欠点を直す。たとえばコレステロール値が高ければコレステロール含有食品を避ける。白血球が多ければ身体のどこかに炎症の可能性があるので医者の診察を受ける。第２に、好奇心を持つ。たとえば映画を見る、読書をする、旅をする、博物館や美術館へ足を運ぶ、趣味をたくさん持つ。第３は人と話す機会を多くする。たとえば同窓会には出来るだけ出席する、近所の集まりには参加する、積極的に人に話しかける、友人をたくさん持って食事・会話を共にする」。

彼はこう語っていました。結論的にはネガティブな脳を変えて好奇心を持ち行動することです。

以上の3つの内で最も重要なのは好奇心を持つこと、と筆者は考えています。好奇心があれば行動範囲も広くなり、知人も増えて会話する機会も多くなり、運動性の向上に寄与します。また旅をしたくなり、本を読みたくなり、音楽や絵画に興味を持つようになる結果、頭脳や身体を可能な範囲で十分に使う、ということにつながると思われます。したがって、知力や体力の衰えを遅らせ、いつまでも活動的な晩年の生活を保持できるはずです。

好奇心は老人だけでなく、あらゆる世代の人々の生き方がワクワクする泉になるのです。

私たちも日野原氏の言葉のとおりの生活をし続ければ、健康で長寿が得られる可能性が高くなります。彼は人々に希望を与える資質において群を抜いた人であった、と言えるでしょう。

ひとり暮らしは幸せ？

晩年になると、夫婦のうちどちらかが亡くなってひとり暮らしになるのは自然の成り行きです。２人が同時にあの世へ行くことはまずありえない。つまり「最後はひとりになる」ということです。もちろん結婚せずにひとりで生涯暮らす人もたくさんいます。

最近はひとり暮らしの人が増加している、といわれています。ひとりで暮らす65歳以上の高齢者は全国で約７００万人、同世代の人数の内、男性は16％、女性は22％とされています。

ひとり暮らしは寂しいと世間では考えられていますが、東京都健康長寿センター研究所の調査によると、ひとりで暮らしているかどうかよりも、社会とのつながりの有無の方が健康維持に大切だ、との調査結果を発表しています。ひとりであれば自由に活動でき、掃除、洗濯、調理などの家事もしなければならないことが健康を維持していると考えられます。

統計によると女性の方が男性より長寿である、ということは動物学的にも種の保存の原理に照らし合わせれば当然のことですが、一方男性ではリタイア後は仕事が無くなって終日テレビを見て過ごすという生活パターンにはまり込む。つまり「巣ごもり状態」になってしまうのではないでしょうか。

日本の現状では、女性は若いときから家事をしているので、晩年になっても家事をし続けていることが長寿に寄与していると思われます。したがってひとり暮らしの男性はどうしても家事をしなければならないので、むしろ「長寿になる環境が与えられた」という考えるべきです。

経済協力開発機構（ＯＥＣＤ）が２０１８年にまとめた日本での家事に費やす時間は男性が１日に14分、女性が１日に１４８分で圧倒的に女性の方が多いのです。日本は家事負担が世界中で極端に女性に偏っています。ここでひとりまず立ち止まって、生活を支える家事について誰がするか、何をするか、どれだけするか、を見直す機会になるのでは……

献立を考えて買い物に出かける、食料品や日用品の不足はないか常に気配りをする、天気予報を確かめて洗濯をする。このような日々の積み重ねによって生活が成り立つことを再認識しなければならないのです。


ひとり暮らしの高齢者の「幸福度」は、内閣府が平成26年に65歳以上の高齢者1500人から得た意識調査によると、「とても幸せ」を10点とすると、平均6・6点。しかも女性のほうと80歳以上の人たちの「幸福度」が高いという結果がでました。

では、「幸福度」を高めるポイントは何か?

身体的・精神的な健康状態が維持できていること、他人と会話する場が多いこと、経済的にある程度の安定性があること、などが挙げられています。

最近、高齢者が働く機会が次第に増えています。高齢者に職場が得られれば当然職場へ通勤する必要が生じ人との会話も多くなる。会話ではお互いの心の中に潜む感情の機微を感じることができ、またそれだけ収入も増えて経済的に余裕も生まれる。反対に就労の機会もなく、近所との付き合いが乏しく、親族が近くにいないひとり暮らしの人は「幸福度」が低く、将来の孤立への不安を感じる傾向があります。

しかし、なかなか就労の場を得ることは難しい。個人個人の生活環境にもよりますが、たとえば地域の高年クラブに入って人との会話や公園のゴミ拾いなどをする、老人会の役員を務める、畑を持っている人は野菜や果物を作って近所に配って人とのコミュニケーションを深める、などポジティブな姿勢が必要でしょう。

実は全国市区町村に「シルバー人材センター」という組織があります。この組織に加入している人は、一般に男性の方が多いです。定年退職した高齢者に軽度の就労の機会を紹介する業務をしています。仕事の内容は、掃除、草むしり、家事手伝い、子供の通学見守り、樹木の剪定など多岐に及んでいます。老人ホームなどの施設で掃除、食事の手配、整理整頓などの簡単な仕事も提案されています。ボランティアとして活動するのも選択肢のひとつです。要するに要介護になる前の「フレイル」をあらかじめ予防することです。軽い仕事に就くことによって心身ともに健全に保たれて「幸福度」が得られるのでしょうね。

人の幸せは誰にも計ることはできない、つまり何が幸せかの正解はありません。人生における自分の生き方に対する自信と、地域社会・就労場などでの他人との絆の中に存在することが、幸せにつながる要因のひとつになるのではないでしょうか。

要は、そうした活動によって健康が維持でき、また社会貢献をしているという満足感（生きがい）が得られることがカギだと思います。皆さんも、これからも幸福感満ち溢れた人生を送られることを願って止みません。

高齢化社会の現状と未来

世界保健機構（ＷＨＯ）では65歳以上の人を高齢者と定義付けしています。

ＷＨＯの統計によると、世界の高齢者の割合は全人口に対して、２０２０年には８％、２０３０年には12％、２０４０年には12・５％、２０５０年には16％という予想が出ています。

日本の高齢化率は世界全体に比べてはるかに深刻です。１９３５年では４・７％であったのですが、２００７年には21・５％に急上昇し、２０１８年には28・１％がという調査結果があります。

日本では男女とも「平均寿命」が80歳を超えました。「自分のことは自分でできる健康寿命」との差が大きな問題です。他人の介護を受けたり、寝たきりになったりしていては、いくら長寿であっても価値ある人生とは言えない。ゆえに平均寿命と健康寿命の差を少なくすることが重要視されています。日本の場合、平均寿命と健康寿命の差は、男性で約9年、女性では約13年と言われています。この期間をいかにして短くするか。これが現代社会に突き付けられた課題です。

日野原重明氏が言っていました。

「一概に老いと言っても生物学的な老いと人間的な老いとは別のもの。人間として避けられない老化の中で、どうやって生きている価値を見出すか、を模索しなければなりません。老人をポンコツ車のように疎んじている現代ではもはや文明社会とは言えない。社会が老人を温かく受け入れ、高齢者の知恵や人生体験を発信する『役割』を提供することが求められます。若い世代を含めて各個人が社会活動に参与しなければ本当の健康社会とは言えない」。日野原氏の言葉のように人生を謳歌する晩年の人達が尊重される世の中でありたい。日本でもこのような優れた文明社会が実現することを強く望んでいます。

最近、高齢者の車の運転による交通事故が多くなってきました。新聞でしばしば報道されているように、車のブレーキとアクセルの踏み違いによる運転事故が続発しています。運転免許証を返納することが奨励されていますが、個人個人によってどうしても車が必要な人が大勢います。たとえば公共交通機関が整っていないで車に頼らなければならない人もいますし、障害者などは車がないと生活が成り立たないケースもあります。

警察庁では２００９年から75歳以上の高齢者が運転免許を更新するときに、認知機能の検査を導入した道路交通法を施行しています。

しかし高齢者であっても頭脳も健康も健全な人もいますし、若い人でも判断力が衰えてきている人もいます。そのためそれぞれの人の運転能力に応じた対策が求められています。運転免許証の自主返納を望む声もある一方、「車がないと日常の活動に支障をもたらす」という側面もあって、非常に難しい社会問題になりつつあります。

私の場合は、幸い70歳まで現役の仕事がありましたし、その後も非常勤でしたが多少の仕事があったので、いくつかの病気にも罹りましたが頭脳は若い時と変わらず、むしろ経験を積むことによるメリットもありました。しかし車の運転免許証は80歳になったとき、車検の機会に自主返納しました。もし事故を起こしたら、自分の方が加害者になる可能性が高く、事故の原因は高齢者の判断ミスとみなされる場合が多い、と思ったからです。

もうひとつの大きな問題は、高齢になると性格が変わることです。第1は年を重ねたために思い通りにならないことが多くなり、それを他人のせいにする結果、攻撃的になり、感情が尖ってくる。第2は今までの自分のやってきたことが失敗だったと考えて自分を責める。そのために自暴自棄や鬱になる。飲酒に陥る人も増える。第3は若いときにはこんなことが出来た、だから今でも出来る、というような以前の生活や活動をそのまま保とうとする。第4は自分の体力、経済力、認知機能などの衰えを素直に受け入れ、気持ちを切り替える。そして他人に助けを求める。第5は自分が過ごしてきた人生を良かったと思い後悔しない、他人との関わりを大切にして、未来に希望を持って生きる寛容な心を持つ。

私も一時期、脊柱管狭窄症を患って歩行が困難となり、何となく憂鬱になった時期がありました。ですが手術をして歩行が自由となった以後はむしろ積極的な生活をしようと心に誓った記憶があります。「さまざまな日常生活を、出来ることから無理なく始めれば、それでいいのではないか」と考えた結果、モチベーションが上がりました。

だからこそ、自分の過去を良いものと認識して振り返らない、これからの明るい人生を謳歌しようと考える。今まで生きてきた実体験に基づき、未来に希望を持つ。そういうゆとりを持った前向きな気持ちが大切だと言えるでしょう。

終わりに

最後に、本著の記述にあたってウィキペディア、朝日新聞などの情報を参考にさせていただきました。感謝を込めてご報告させていただきます。

また文芸社編集部の井上格様、出版企画部の川邊朋代様に深くお礼申し上げます。

著者プロフィール

日色 和夫（ひいろ かずお）

1929年、千葉県生まれ。
大阪府立化学工業専門学校（現・大阪府立大学）卒。理学博士。
現在兵庫県在住。
職歴：通商産業省大阪工業技術研究所、宇部工業高等専門学校、京都教育大学、神戸女子短期大学。現在、日本分析化学専門学校
所属団体：日本分析化学会、環境技術学会に在籍。
受賞歴：環境賞、科学技術庁研究功績者賞、日本分析学会技術功績者賞

■著書
『イオン選択性電極』（共立出版、1977年）
『わかり易い最新の環境計測・分析技術講座』（環境技術研究協会、1991年）
『最新の底質分析と化学動態』（技報堂出版、1996年）
『環境計測学』（環境新聞社、1998年）
『化学が見えてくる』（三共出版、2005年）
ほか

始めよう！
晩年の経済的な賢い暮らし方

2022年12月15日　初版第１刷発行

著　者　日色 和夫
発行者　瓜谷 綱延
発行所　株式会社文芸社
〒160-0022　東京都新宿区新宿1－10－1
電話　03-5369-3060（代表）
03-5369-2299（販売）

印　刷　株式会社文芸社
製本所　株式会社MOTOMURA

ISBN978-4-286-25077-9